La belleza es verdad y la verdad belleza.
Es todo lo que necesitas saber en la tierra.

John Keats

Senté
a la belleza
para injuriarla,
pero ebria y sorda se ha dormido
en mis rodillas.

Tomás Salvador González

Dirección editorial:	Héctor Escobar
Director de la colección:	Gustavo Martín Garzo
Fotografía de cubierta:	José Ramón Vega
Diseño de la colección:	Miguel Riera
Maquetación:	Alberto R. Torices

ISBN: 978-84-10057-80-7

Dep. Legal: Le. 493-2024

Impreso en España — Printed in Spain

Adolfo Álvarez Barthe
La belleza de lo figurado

De la belleza (24)

Adolfo Álvarez Barthe

La belleza de **lo figurado**

EOLAS EDICIONES

Para Ángeles Barthe Aza,
quien gestó y dibujó mi figura.
Y para Juan Robles porque, sí,
la pintura es encarnación.

ÍNDICE

I

LA PINTURA Y SUS LUGARES

…entrano le cose
nel pensiero che le pensa, entrano
nel nome che le nomina,
sfolgora la miracolosa coincidenza.

Mario Luzi
Viaggio terrestre e celeste
di Simone Martini

Dos llamadas telefónicas pautan el arranque de estas parcas y parvas líneas. Se me propuso la redacción de un texto para una nueva aventura editorial. Debido a la pandemia que asoló particularmente nuestro país, y que nos obligó a un largo confinamiento, no hubo oportunidad de reunirse en carne mortal para definir el encargo. Pero quedaba suficientemente claro que mi libertad no tendría más freno que el hacer que el encargo no lo pareciera.

Se sucedieron días aciagos y aun siniestros. Los afectados por el virus sufrieron, entre otros síntomas, la pérdida de los sentidos del olfato y el gusto. Las mascarillas abundaron en esa pérdida y los guantes, obligatorios en los supermercados, nos privaron del tacto. Las conversaciones ya no fueron posibles de viva voz. Señalo todo esto porque no parece que las circunstancias fueran favorables para concentrarse y escribir sobre un arte que siempre es presencia y que, contrariamente a lo que se supone, precisa del concurso de más sentidos que el de la vista.

Pero también es verdad que la presencia de la pintura es esquiva; no tolera interrogatorios y deja de pronunciarse cuando se la quiere clasificar y encarcelar en el muladar de la historia. Así que, en condiciones en apariencia desfavorables, en un ejercicio proustiano de memoria voluntaria e involuntaria (qué remedio, encerrado en mis habitaciones), trataré de evocar la conmoción que nos procuraron tantas obras pictóricas con las que, a lo largo y ancho de este mundo, hemos gozado en un fecundo encuentro.

Debemos felicitarnos por no acompañar este texto con imágenes. Hay quien echará de menos, tratándose de pintura, las reproducciones fotográficas de unas cuantas piezas, tan necesarias para el estudio de la historia del arte y tan inconvenientes para la percepción y recepción de la verdadera pintura. A todos nos ha ocurrido, iniciando la visita a una gran exposición, encontrarnos en la entrada del museo con una enorme y desmesurada fotografía que suele reproducir un fragmento minúsculo de una de las obras más conocidas del autor celebrado en la muestra. Por ejemplo, el muro amarillo de la *Vista de Delft* de Vermeer. Tan diminuta porción del lienzo ocupa, en el cartel anunciador, una altura y una anchura de varios metros cuadrados. Las técnicas fotográficas han progresado tanto que, en la reproducción, observamos el rastro de los pinceles sobre la materia pictórica a tal tamaño que nos da la impresión de habitar sobre un gran mapa. Ya en las salas, nos acercamos a gozar con la contemplación del famoso cuadro, queriendo saborear la misma emoción que experimentamos frente al cartel. Pero se impone la decepción debido a que apenas adivinamos lo que el cartel nos reveló y también porque hemos dialogado más con la fotografía que con el lienzo. Intentamos, con una mirada forzada, suplir la frustración infligida del mismo modo que cuando queremos ampliar, con el movimiento expansivo de los dedos, la imagen en una pantalla digital. Tiempo después, disponiéndonos a abandonar el museo, involuntariamente, nos llama la atención el mismo cuadro que nos había defraudado. La pintura emerge. A una distancia prudente advertimos cómo nos seduce su armonía, su simetría cromática por equivalentes. Dejamos de advertir toda la estéril información previa y, así, por fin, el encuentro con la obra viva tiene (consume) lugar y tiempo.

En el verano de 1919, en el Museo Villa Borghese de Roma, Giorgio de Chirico, frente a un cuadro de Tiziano, recibió la revelación de la gran pintura (así nos lo cuenta en sus memorias) y abandonó la idea de que el arte consistiese en meras imágenes conocidas por su empleo en el mundo editorial y publicitario. Creyó ver en la sala del museo lenguas de fuego y oyó resonar, sobre el cielo romano, un clamor solemne.

Así que, como necesariamente hemos de servirnos de la palabra, bien podemos contar con los escritos de algunos ilustres pintores; escritos de difícil catalogación en cuanto a su género literario, pues todos oscilan entre el diario, el ensayo, el recetario y la narrativa. Sorprende la calidad literaria de no pocos pintores. Muchos de sus textos han sido reiteradamente editados y, en ocasiones, se han convertido en auténticos *best sellers*. Poco, o nada, tienen que ver con la crítica, la historia y la teoría del arte; de eso ya se encargan otros ciudadanos que, según Ramón Gaya, no es tanto que se equivoquen y no entiendan, sino que entienden de una cosa que… no comprenden. Además, a diferencia de lo que ocurre con las ciencias, en las artes no existe propiamente el progreso. Una obra pictórica realizada hace varios siglos sigue siendo actual y puede liderar el cambio de tendencias y gustos cuando ya no esperábamos que pudiera hacerlo. La invención de la perspectiva en el Alto Renacimiento, con la inclusión de un solo punto de fuga armonizado con un punto de distancia, pudo ser considerada como un avance técnico (y hasta científico) en la historia del arte y, sin embargo, y aun desplazando los usos del eje de fuga y otros anteriores artificios, no impidió que posteriores y revolucionarios movimientos artísticos, teóricamente más evolucionados, tuvieran que prescindir de ella.

Cualquiera puede entender de lo que sea después de un proceso de instrucción más o menos largo y dificultoso. Sin embargo, comprender es un acto instantáneo; corporal y físicamente inmediato. La comprensión no admite la actitud crítica, sino la entera acogida de lo esencial de un objeto. Este fulgurante vínculo, curiosa y paradójicamente, se establece entre un sujeto que no fuerza sus capacidades perceptivas y una obra que demora el instante de su manifestación.

Todo ello puede comunicarse por escrito. A la pintura y a la emoción que despierta puede sumarse la palabra. Y no es éste el mayor de los misterios de la pintura.

También debemos felicitarnos porque estas líneas estén escritas en español y prontas para la lectura, en principio, de lectores españoles. Salvador Dalí aseveró (no sé si en francés o en catalán), al inicio de sus *50 secretos mágicos para pintar,* que las dos cosas más afortunadas que pueden ocurrirle a un pintor son, primera, ser español y, segunda, llamarse Dalí. Algunos sonreiremos, otros se irritarán; ambas respuestas hubieran agradado al provocador artista ampurdanés. Pero lo cierto es que la primera afirmación daliniana forma parte de una tradición, no tan conocida en territorio español, por haberse alumbrado y desarrollado en el recurrente exilio al que se ven sometidos algunos de nuestros creadores. Ramón Gaya, desde México, París, La Haya, Lisboa, Roma y otras ciudades italianas, asegura que la pintura no ama a todos los países por igual. Italia (sobre todo, Venecia), España, Países Bajos, China y Japón serían sus feudos favoritos. Luego, claro, algún hacendoso y artesano artista alemán, algún inglés, algún suizo que vivió la mayor parte de su vida en Italia y hasta algún francés, después de haberse esforzado mucho, han logrado el favor de que la esquiva pintura se demore momentáneamente en sus respectivos países. Ante estas palabras algunos aplaudirán, otros se escandalizarán; ambos juicios le hubieran traído sin cuidado al pintor murciano. En su epistolario con otros artistas e intelectuales con los que compartió exilio (Salvador Moreno, Tomás Segovia, María Zambrano, Gregorio Prieto, Juan Gil-Albert), comenzó a perfilar el controvertido tema del carácter específico de la pintura española, cifrado posteriormente en la recopilación de escritos de su amiga, la malagueña María Zambrano, que lleva por título *Algunos lugares de la pintura.*

Recurrente en la historia de España es su discontinuidad. Quien quiera leer las distintas historias del arte que, durante casi tres siglos, se han escrito y utilizado como manuales didácticos, advertirá que los maestros fundadores, las influencias, los nombres con los que se bautizan los distintos periodos y sus relaciones varían, de manera bastante interesada, según sea uno u otro el autor que pontifica. Es difícil esbozar una línea que, entrelazada con la tradición, progrese hacia una meta o un destino. Resulta fácil destruir, malbaratar o anular vestigios de pasados que quisieron proyectarse en un futuro. Nos encontramos, en el mejor de los casos, al albur de genios aislados que, tarde o temprano, serán desoídos. Cada uno de los proyectos derribados o abortados no pudo, claro, convertirse en el mito agrupador de una gran comunidad. La multiplicación de diversos (y hasta antagónicos) destinos ha provocado que éstos batallaran entre sí. De manera que sin mitos (¿acaso no son más fantasmas que mitos Don Quijote, Don Juan, la galdosiana Benigna, el Marte de Velázquez y los Felipe II de Pantoja de la Cruz y de Antonio Saura?), unos seres descarnados y sin presencia han azuzado todavía más a los efímeros vivientes. Y el caso es que todo fantasma exige presencia, hacerse ver. Su consuelo y su conciliación con la historia dependen, siquiera un instante, de ser vistos. Y así, no sabemos si conmiserándose de la trágica condición de España o envaneciéndose de sus poderes, la pintura ofrece una suerte de redención a lo que la historia, en suelo desdichado, deshecha.

En nuestros más decadentes momentos, cuando las otras artes no encontraban ni autores ni público, la pintura jamás nos faltó. El fantasma de lo femenino se dejó (se deja) ver en el *Desnudo* de Eduardo Rosales. El fantasma de los hechos que conforman la historia todavía emerge en *La Batalla de Tetuán* de Mariano Fortuny. Y el fantasma de nuestras nacionalidades se retrata en los enormes lienzos de José María Sert en el Museo San Telmo de San Sebastián y en el Ayuntamiento de Barcelona.

En nuestros días, el genial José de León ha acogido el más completo elenco de nuestros fantasmas en telas que realizó desde 1979 hasta 2003. Todo ello se expuso, en 2017, en un recóndito lugar de La Cabrera leonesa bajo el título *España versus España*.

No hay arte del olvido; uno no olvida a voluntad. Y esto lo prueba Manlio Brusatin en su *Historia de los colores*, libro dedicado en 1983 al retorno de la pintura. El libro comienza con una fábula en la que un infeliz se encuentra con un hada que le promete hacer realidad sus deseos, siempre y cuando no recuerde el color verde agua. El pobre muchacho, durante años, no hace otra cosa que evocar ese color hasta que acaba creyéndose víctima de un maleficio.

Contrariamente, el buen gustador de pintura o, mejor, la persona maravillada por haberse detenido frente a una pintura, no quiere cumplir un deseo, pues ya sabe que el encuentro es el hechizo y el hechizo es favorable. En todo caso, espera iniciar, consciente de que ocurre pocas veces, una paciente y cuidada relación con el cuadro que ya lo ha elegido. Precisa de tiempo, de un tiempo que será de calidad si quiere, a diferencia del infeliz de la fábula, atesorar sin problemas cuantos colores se le vayan revelando.

Sabemos que la percepción del color depende también del procedimiento técnico empleado por el artista. No es lo mismo aplicar la materia pictórica sobre una imprimación grasa, magra, luminosamente blanca, coloreada o inexistente. Como tampoco es lo mismo utilizar directamente los pigmentos en vehículos grasos, gruesos y opacos, que demorarse en la fabricación de livianos temples transparentes o semitransparentes extendidos después sobre papel, lienzo o tabla con sutiles capas que, a su vez, modificarán el resultado cromático final o multiplicarán ambiguamente sus posibilidades tonales y tímbricas. También cambiarán los colores según incida la luz sobre aquellas capas. Por no hablar de lo que son capaces de provocar los barnices finales.

Consciente o no de estos procedimientos técnicos, el espectador registrará y almacenará los colores en algún lugar de su memoria, formando parte de su más íntimo sentir. No será necesario que un hada le invite a olvidarlos para, después, consumar el maleficio; pues el espectador sabe que ya ha recibido una bendición. Encontrará, por ejemplo, ecos cromáticos de la obra de Tiziano en la obra de Rubens, de Böcklin y del postmetafísico de Chirico. Los colores, asociados al procedimiento técnico elegido, acumulan tiempo, se cargan de historia. Para que esos mismos colores lleguen a dotarse de un nombre pueden transcurrir decenios o siglos; pueden incluso cambiar muchas veces de nombre. Este es uno de los más hermosos misterios de la pintura, pero no el mayor.

¡Un avión! No, dos. El cielo, durante el confinamiento domiciliario, no mostró más meteoros que la acelerada evolución de unas pocas nubes. Ahora parece que las líneas aéreas reinician tímidamente sus vuelos. Dos trazos blanquecinos se cruzan sobre un bellísimo fondo celeste.

En pintura, el garante de la belleza es el fondo. La acción pictórica sucede y emerge desde un muy cuidado fondo que asegura la opalescencia, transparencia y armonía de la obra. Las fórmulas técnicas para conseguirlo son numerosas: fondos de yeso o de media creta se cubren con ligeras imprimaciones coloreadas con barniz de dammar o con caput mortum o con otras mezclas. Se procede a una intensificación de blanco con temple al huevo o con colores resinosos al óleo. Sobre esta clase de superficies se comienza a pintar. Las calidades y tonalidades de cada fondo modificarán la luminosidad del cuadro y, con el tiempo, se dejarán oír. Como nos confiesa Louis Cattiaux en su *Física y metafísica de la pintura*, el pintor ha de prever todo esto y forzar la opacidad de sus tonos sobre fondos muy oscuros y aumentar el grosor de los tonos transparentes sobre los fondos muy claros, creando de este modo un *vibrato* del color. La búsqueda de la vibración coloreada se suma a la del acorde entre los colores que se añadirán, lo que complica de modo singular el enigma pictórico.

Estas farragosas explicaciones técnicas, si bien necesarias para dar noticia de la complejidad del arte de la pintura, pueden sustituirse por un comentario al párrafo que las precede: volvamos al cielo y al rastro de los dos aviones. Detrás de lo que contemplamos convergen la potente luz del sol y la infinidad de capas aéreas que conforman nuestra atmósfera. La luz solar se teñirá de una gran variedad de colores atravesando la imprimación de la atmósfera. Sobre esas coloreadas veladuras, trasparentes y traslúcidas, se apoyan los trazos provocados por los aviones; trazos que, a su vez, pueden ser opacos o semitransparentes. La oculta luz solar emerge disfrazada y juega con todos estos elementos.

El ver está condicionado culturalmente. El reino de lo visible (como nos recuerda Eulàlia Bosch) no existe. ¿Qué tiene que ver lo visible con la verdad? Algo, supongo. Pero, desde luego, la verdad no coincide enteramente con lo visible. Se ve mientras uno conoce, cree o recuerda. Como nos aclara el pintor italiano Salvo, en su *De la pintura*, cuando veo un árbol a lo lejos no veo que tenga hojas, pero sí sé que las tiene. También interviene el recuerdo de otros sentidos. En la pintura española y en la napolitana, a partir del Barroco, momento en el que las calidades pictóricas ya pueden reproducir cualquier textura, lo táctil se impone. Llama la atención la pasión por la corporeidad de la pintura meridional. Nuestra mirada comparte con otros sentidos la vocación de infligir un dominio físico. En algunos momentos se disputan la primogenitura artística el sentido de la vista y el del tacto. Es como si el ver nos sirviera para apropiarnos de algo, para tomar entera posesión de lo corpóreo.

Centrémonos, por ejemplo, en la contemplación de una gran tela de José de Ribera que se conserva en el Museo del Prado, *Isaac bendiciendo a Jacob*. El formato alargado del lienzo se aviene perfectamente con el carácter narrativo de la escena representada. A la izquierda y lejos, en un exterior, la figura del piloso, oscuro y rústico Esaú avanza para recibir la bendición de su padre Isaac. En un interior, enmarcado por un soberbio cortinaje, Rebeca empuja a su otro hijo, el imberbe Jacob, con la intención de robar la legítima bendición a Esaú. Para ello, la madre idea un plan: cubrir el brazo de Jacob con una piel de cordero y, así, confundir a Isaac. La ceguera del padre y su buen tacto culminan el fraude. Todos los personajes exhiben sus inquietas manos tocando algo. Por último, en el extremo derecho del cuadro, una mesita con las viandas ofrecidas a Isaac es el elemento más cercano al espectador de esta magnífica pintura. Las texturas de cada elemento del bodegón han sido extraordinariamente evocadas. Todo invita al tacto. Un cuchillo asoma y parece atravesar y trascender el plano de representación. Entonces sentimos el impulso de agarrarlo.

He desconfiado siempre de la verdad retratada en las fotografías decimonónicas en las que pintores, vestidos con impecables trajes, sostienen, con la mano izquierda, una paleta cargada de colores, esencias y aceites y, con la mano derecha, un pincel que simula deslizar sus cerdas a lo largo de un lienzo enorme. Las barbas canosas, espesas y largas hasta el ombligo, también lucen impecables. Sólo unos pequeños puntos brillantes en los zapatos (que, en realidad, son manchas y que siempre me recuerdan alguna constelación) nos indican que los pintores afamados también pintan.

Por mi parte, y después de una intensa y productiva jornada, limpios los pinceles y lavadas las manos, decido quitarme la ropa con la que suelo pintar. Las prendas multiplican las pequeñas (y no tan pequeñas) manchas coloreadas. Empiezan a acumularse las que jamás desaparecerán, ofreciendo un patrón en el que también podría encajar alguna constelación. Quitándome la ropa interior, reparo en que unos pequeños puntos de pintura también adornan mis ingles. Pero ¿cómo habrán llegado hasta allí? Verdaderamente el pintor tiene algo, o mucho, de obrero. Otras artes parecen descender, como un don inspirador, del cielo. Pero la pintura le concierne sólo al hombre, al duro trabajo que introduce el tiempo en las dimensiones espaciales de la obra. No intervienen dioses en la elaboración de la pintura. Su mito fundador (relatado por Plinio el Viejo) es bien pedestre, si bien el amor, que algo tiene de divino, es motor de su origen: la hija de un alfarero corintio, enamorada de un joven que había decidido abandonar la ciudad, trazó, mientras éste dormía, el contorno de la sombra de su cabeza proyectada sobre la pared con el objeto de conservar una imagen evocadora de su amor. Luego, con tiempo y trabajo, rellenó el contorno. Sí, la pintura es asunto de habitaciones interiores, de cavernas y de un arduo trabajo manual.

Eugène Delacroix, en su *Journal,* anotó en varias ocasiones un único pensamiento expresado de maneras distintas: la pintura es el oficio más largo y más difícil. Precisa de grandes conocimientos técnicos y, sobre todo, de una trabajosa ejecución. Ramón Gaya, en un momento particularmente duro de su vida, cuando se vio obligado a trabajar a destajo para aprovechar, desde el exilio, la oportunidad de una proyectada exposición en Madrid, escribió a su amigo Salvador Moreno una misiva en la que le comunica una enigmática experiencia. Agotado después de unas jornadas en las que se empleó intensamente, evitando el uso de trucos artesanales y visuales (además de subterfugios y artimañas intelectuales), el pintor comenzó a advertir que las obras realizadas destilaban algo que ya no era achacable al esfuerzo. Llega a definir ese algo como encarnación. Sospecha que pueda tratarse de una continuación, una contestación y una ofrenda que uno no ha añadido voluntariamente al trabajo. Pero el trabajo duro siempre está ahí.

Vuelvo a mirar la constelación de puntitos de temple vinílico que se han fijado en mi cuerpo. Pienso en la intensa jornada de trabajo que concluye. Las pequeñas manchas son de color magenta, un color que convenientemente mezclado, forma parte del mejor patrimonio de la ciudad de León: su cielo.

Pero también hay que saber hacer novillos. Como en esta nueva fase de la pandemia se nos permite salir a la calle, en franjas horarias a las que se ajustan las diferentes edades de los ciudadanos, decido trabajar durante las horas que se me asignan de encierro. Comienzo mirando la tabla imprimada sobre la que ya había bosquejado ayer algunos motivos. Agarro un pincel y pellizco inconscientemente sus cerdas durante tanto tiempo como para olvidarme de que debo preparar un temple resinoso privado de aceites. Pasado el mediodía me dispongo (y esta vez con aceite) a cocinar. Almuerzo. La siesta es inapelable. Espero la hora de salida determinada por las autoridades mientras picoteo por mi biblioteca. Hace buen tiempo.

Necesito tomar el aire. Me sorprende no sentir ningún remordimiento por no haber pintado.

Me devolvió a la pandémica realidad el abstracto movimiento de mis vecinos. Los viandantes nos conducimos como si obedeciéramos un patrón geométrico diseñado por Dios sabe quién. En ese andar obligado para no ir a ningún sitio no cabe hacer simulados novillos. Vuelvo a casa. Cojo un lápiz y, con un solo trazo, completo el hombro de una figura que mañana comenzaré a cubrir con, al menos, una buena capa de temple semitransparente.

Incluso un pintor abstracto, Waldo Balart, un pintor cubano (aunque en el exilio) de orientación geométrica y que destaca en el colectivo de artistas del catalogado como *arte concreto*, un pintor rupturista que nada quiere deber al arte referencial (el arte que retrata una realidad exterior), un pintor que da por terminadas las obras antes de su realización material (pues la creación, en su caso, ha de presentarse ordenada con anterioridad), incluso un pintor como Waldo Balart, necesita un anclaje en la historia, necesita detallar en su quehacer una genealogía, necesita proveerse de una crónica de los paradigmas que se han desarrollado en la evolución del pensamiento humano hasta la eclosión del *arte concreto*.

Para exponer y aclarar los aspectos teóricos de su pintura publicó, en 2011 y bajo el sello editorial Aduana Vieja, *La práctica del arte concreto*. En este sugerente ensayo no se computan los diferentes estilos artísticos, sino los paradigmas en los que se originaron. El simbólico-místico, el racional, el revolucionario-vanguardista y el sensible-global de información instantánea. O sea, la espiritualidad religiosa de ética autoritaria, la espiritualidad seglar de ética humanista, la comprensión del espacio y, finalmente, la comprensión del espacio-tiempo. También en otros cuatro períodos se estudia el papel interpretado por el artista en el contexto social.

Uno siempre ha sospechado que el artista que se acoge al rigor geométrico y serial persigue una suerte de eternidad que compense la exclusión del momento histórico que inicialmente compartió con sus conciudadanos. Waldo Balart pretende, por así decirlo, que un cubo fecunde y redima a Cuba.

No hay un solo pintor, por rupturista que sea, que no quiera sumarse a la narración de un relato de estilos, paradigmas, sociedades, creencias y evidencias. Algún artista ha creído no deber nada a nadie y ha querido (iluso) convencernos de que la creación depende, de manera exclusiva e inaugural, de él. Pero lo cierto es que todos, sin excepción, esgrimen sus razones al saberse seducidos por uno de los mayores secretos de la pintura: este arte, aparentemente instantáneo e inmediato en su percepción, precisa de un tiempo de calidad para dejarse ver. Identificar este valioso tiempo con el tiempo histórico, con una lineal deriva histórica, es inevitable en personas que se saben expulsadas de un paraíso.

Puede decirse que la pintura española nace en el preciso instante en el que alcanza su verdadero nombre uno de los pintores de Felipe II. Hasta entonces ese pintor fue llamado el «Apeles español» o el «Tiziano español». Pero en el momento en el que el rey le encargó todos los lienzos que debían ocupar la basílica de San Lorenzo de El Escorial se le llamó Juan Fernández de Navarrete, el Mudo. Este pintor (ciertamente mudo desde la infancia) murió antes de completar semejante empresa.

El rey había decidido, frente a todos los pintores italianos y flamencos de los que se rodeaba, que un no muy conocido artista principiara una tradición que culminaría, muchos decenios después, en Velázquez.

¿Qué persiguió Felipe II promocionando a un pintor español que se acercaba a las técnicas pictóricas más sueltas y sensuales de la escuela veneciana? ¿Era consciente el rey de lo que inauguraba? ¿Conocía Juan Fernández de Navarrete la importancia de su papel?

Sabemos que el Mudo fue lo suficientemente elocuente para autorretratarse como San Lucas, santo al que siempre nos acogemos los pintores.

No recomiendo que el común de los mortales escuche las conversaciones entre pintores. Debemos dar la razón, como otras tantas veces, a ese ocurrente Oscar Wilde que, con frases ingeniosas (y, en principio, publicadas únicamente para divertir a los lectores), supiera comunicar tanta verdad: «Como los dioses griegos, los artistas sólo se aparecen los unos a los otros.»

Como hoy es 18 de octubre, día de la festividad de San Lucas, vamos a seguir glosando la figura del evangelista, patrón (como ya se ha dicho) de los pintores. Lucas fue amigo de San Pablo y se convirtió al naciente cristianismo en la ciudad de Antioquía. Lucas era médico y actualmente sigue siendo, además, patrón de los médicos. Su formación científica se deja notar en el mismo inicio de su evangelio, donde nos avisa de su vocación para el estudio y análisis, utilizados, en ese caso, en la verosímil exposición de la entredicha vida de Jesús. Parece ser, según reza la tradición, que llegó a conocer a la Virgen María, a quien retrató. Lo cierto es que entre sus páginas se incluyen, por primera vez, varios episodios marianos, episodios que la posterior legión de los pintores de iconos utilizaría ampliamente, hasta llegar a venerarlo como su artista fundador.

Avancemos unos siglos y aclaremos un asunto técnico. Nos interesa registrar que el gran interés que se mostró por la pintura pasa por la formación de los gremios en la Edad Media. En un mismo y único gremio, muy diferenciado de los demás, y en razón de que se utilizaban los mismos o parecidos materiales, cabían médicos, boticarios y pintores.

Hace ya tres días que murió mi madre. No he podido trasladarme a Madrid para asistir a su tránsito, velarla y acompañar a mi padre y a mis hermanos. El confinamiento al que nos obliga la pandemia no lo permite. Sólo viajan ataúdes de ángulos rectos y obtusos en busca de crematorios descongestionados. Me siento como una vanguardia, como una vanguardia abstracta y dogmática, como un Mondrian. Pero no como los impecables Mondrian reproducidos en los libros de arte de mi biblioteca, sino como el Mondrian que contemplé hace meses en el Museo Thyssen de Madrid. La obra se mostraba craquelada por la deficiente calidad de los materiales empleados y por la aplicación de un inconveniente procedimiento pictórico. Se exhibía enmarañada de minúsculas grietas con formas diagonales, espirales y todas las grafías que el pintor holandés condenó en sus manifiestos escritos, hasta el punto de romper con las amistades que no utilizaran más recursos plásticos que el ángulo recto.

Me siento como un Mondrian y el caso es que me gustaría, no ya sentirme un Rubens, sino ser un Rubens. Quizás lo sea. Pero hoy me veo como una vanguardia sin sostén material y con ganas de gritar ¡mamá!

II

LA PINTURA Y SUS PRESENCIAS

Dolce color d'orïental zafiro.

Dante Alighieri, *Purgatorio*, Canto 1º

Muchas soluciones formales geométricas nacen del estudio de las proporciones del cuerpo humano. Los antiguos descubrieron que esas proporciones también se encuentran en los reinos vegetal y mineral. A su vez, la relación de elementos abstractos como, por ejemplo, el diámetro y el perímetro de un círculo, presentan equivalencias con todos los sistemas proporcionales naturales. No sabemos si fueron la observación y la medición del cuerpo humano las que determinaron las innumerables fórmulas proporcionales o si, por el contrario, fue el estudio de las matemáticas lo que adecuó (en el ámbito artístico y en los gimnasios) nuestro cuerpo a patrones geométricos. Lo cierto es que toda construcción arquitectónica, escultórica o pictórica fue progresivamente orientándose hacia la reproducción de un cuerpo con proporciones humanas. Incluso se encontró la solución de aplicar cánones dinámicos a los rectángulos y demás polígonos, con la intención de que superficies tan inertes nos parecieran tan orgánicas como lo somos nosotros mismos. En las noches consteladas supimos ver manos, piernas, cabezas y espaldas recorridas por los nunca quietos planetas y por el astro rey. Los versos declamados y escritos también gozaron de estas reglas y, así, aumentaron su capacidad de encantamiento.

Los artistas, haciéndonos eco de estos hallazgos, los hemos convertido en normas para la composición de nuestras obras. Algunos pintores, cuyo trabajo nos seduce, utilizan reglas geométricas sin que el espectador, en principio, llegue a darse cuenta de ello. Construyen con reglas muy precisas no porque crean sólo en las reglas; ni tampoco porque piensen que no hay otra manera de vertebrar sus obras. Construyen rigurosamente sus obras porque intuyen (y eso, amigo lector, es lo que importa) que un cuerpo siempre llama a otro.

Rara vez sumamos iconos bizantinos al elenco de las obras maestras de la pintura. Conocemos algunos artistas orientales, pero se nos ha hecho creer que carecen de la atribulada y legendaria vida de los artistas del resto de Europa. Además, entre las virtudes de los primeros, a diferencia de los occidentales, prima la obediencia a modelos tradicionales, a la utilización de un escaso y canónico número de materiales, a pretéritos procedimientos técnicos y a normas de comportamiento que harían sonreír a los provocadores genios que ya conocemos y, a pesar de sus conductas, tanto admiramos. Los ejercicios espirituales a los que se someten los pintores de tradición bizantina convierten en tristes catequesis los tratados teóricos de Kandinsky, Mondrian, Torres García y Malevitch.

Bien es verdad que los iconos tienen, por así decirlo, valor de uso. El iconostasio, en las iglesias ortodoxas, es la puerta visible que nos comunica con un mundo invisible y atemporal. La veneración por las imágenes que lo componen llegó a desatar cruentas guerras debido a su confusión con la idolatría. Hay quien asegura que en la derrota final de los iconoclastas intervino la acción milagrosa de algún icono. En cualquier caso, se han estudiado las razones políticas, económicas y militares que conformaron la estrategia y la victoria de aquellos que defendieron los iconos.

Se convocaron varios concilios para determinar el correcto uso de estas imágenes. La Encarnación de Dios en su hijo Jesucristo supuso que la materia fuera contemplada con benignidad. La representación de los santos y de las escenas bíblicas requería que los materiales utilizados pudieran equipararse con la composición física de nuestro propio cuerpo. Lo cierto es que el temple al huevo, canónicamente empleado, es una emulsión como lo es nuestra propia carne.

En la inquietante presencia de un icono intervienen muchos factores: los procedimientos técnicos, la peculiar grafía a la hora de simular el volumen de las vestimentas, su absoluta falta de sentimentalidad, su respeto por arcanos prototipos y el uso de la perspectiva invertida. Este último recurso nos puede parecer (a nosotros que llegamos ingenuamente a creer que la perspectiva de Brunelleschi, Piero della Francesca y Durero era verdadera porque se asentaba en supuestos principios científicos), nos puede parecer, digo, una torpeza y un error. Sin embargo, los iconos más admirados y venerados, *La Trinidad* de Andrei Rubliov, por ejemplo, se sirven de este tipo de perspectiva y sospechamos que es ésta la deliberada manera bizantina y rusa de construir imágenes que participen del mundo visible y del invisible. ¿Por qué? Porque nuestra perspectiva occidental, después de muchos fallidos intentos, como el eje de fuga, se basa en un punto de fuga que coincide con un único y mínimo punto en el horizonte, determinado por uno solo de los dos ojos del espectador, conformando así el espacio en la superficie bidimensional de la pintura. Todo empequeñece según se aleja del ojo occidental. Por el contrario, en la pintura bizantina, con el uso de la perspectiva invertida, no existe un ojo espectador que vertebre el contenido de la tabla. Es el icono el que nos ve desde el más allá. Todo aumenta según se aleja de nuestros ojos. Esta inversión espacial ocurre en la eternidad. Sí, también el tiempo sufre metamorfosis formales.

En junio de 2007, acompañado de mis padres y de mi hermana Cristina, visité el Museo Tretiakov de Moscú. Cristina y yo ya sabíamos qué

queríamos ver, de manera que recorrimos acelera-
damente las salas. La anónima *Virgen de Vladímir*
se nos adelantó, nos vio y nos bendijo; primero a
mi hermana y a mí, después (o sea, antes) a mis
calmosos y todavía lejanos padres.

Desde hace años me acompaña, además de la más
querida, otra extraña y dispersa familia paralela.
Sus miembros hemos coincidido en más de un
continente. Esta familia heterogénea, ya desde su
lejano origen, se ha nutrido de todas las etnias del
Mediterráneo. Su reubicación en museos de todo
el mundo ha multiplicado los parientes, pues toda
persona que se deja mirar por los retratos de Al
Fayum comienza a formar parte de una interesante
comunidad. Hay algo hipnótico y vampírico en
estas pinturas que sirvieron (y, a su manera, todavía siguen haciéndolo) para varios usos.

Descontextualizadas, sin las momias a las que
procuraban identidad, estas tablitas parecen mos-
trarse como máscaras funerarias. Pero, a poco que
uno observe y reflexione, ocurre lo contrario. La
máscara cubre lo indeterminado, lo ambiguo, lo

terrible, lo inhumano, lo demoniaco y lo sagrado. El descubrimiento del rostro humano supuso un gran momento civilizatorio. Y la verdad es que estas tablitas constituyen un conjunto de vívidos retratos de hombres, mujeres y niños reales, muy alejados de la abstracción de una máscara o de una faz prototípica. Son personas. Lo más sorprendente es que tampoco han sido pintadas de manera hiperrealista; no siguen el rigor formal que reproducía cada rasgo de un rostro en tiempos del contemporáneo helenismo tardío y o del imperio romano. Los ojos de estas criaturas aumentan su tamaño y uno, en el museo, se siente mirado antes de saber por quién. Aun así, y en todo momento, uno se siente mirado por alguien concreto y hasta conocido, no por una personificación o una caricaturización del poder, de la riqueza, de los contratos escritos o de las promesas que puedan hacerse a seres de otro mundo.

Que esta mirada, en su origen, provenga de un individuo que se sabe mortal y contrata los servicios de un pintor para que, una vez fallecido y momificado, comparta todavía con los suyos unos días en su domicilio; que sus ojos se cubran de tierra y, pasados los siglos, se encuentren con los nuestros; que ocurran, en fin, todas estas extraordinarias cosas, complica extraordinariamente la ineludible relación que establecemos entre personas no coetáneas.

Y no podemos dejar de pensar que todo ello es posible gracias a unas pequeñas tablas de tilo imprimadas o cubiertas de lino, a la mezcla de cuatro distintos pigmentos, a la destreza de un artesano y a la utilización de un vehículo pictórico orgánico, la cera, la misma cera extendida sobre otra tablita en la que los escribanos y contables de la antigüedad, con ayuda de un pequeño estilete de doble uso, fijaban y borraban, volviendo a fijar y a borrar, cifras, nombres y conceptos que comprometían comunitariamente.

En una hermosa mañana de invierno de 2015 visito una exposición temporal que el Museo del Prado dedica al artista francés Jean Auguste Dominique Ingres.

El pintor homenajeado defendió la probidad del dibujo y escribió que, a la hora de comunicar verdad en las artes plásticas, prefería que se exagerara, pues lo verdadero no siempre es verosímil. Así que, atravesando las improvisadas y efímeras salas expositivas, nos encaminamos hacia la famosísima *Gran Odalisca* de 1814 con la intención de contar las vértebras de más que Ingres añadió a la modelo para que nos ofreciera la impresión de un cuerpo más real y más hermoso. Si la odalisca dispusiera sólo de las vértebras anatómicamente correctas no percibiríamos una belleza tan imponente. Se buscó la forma absoluta justificando lo relativo. Muchos artistas (empezando por Picasso) aprendimos la lección impartida ¡por un pintor francés!

Ahora bien, aquellas personas que nos parecen hermosas suelen presentar exageraciones, carencias o asimetrías en sus cuerpos y en sus rostros. De hecho, Eros parece despertar para intentar corregir esas desproporciones y, no haciéndolo, se mantiene activo. Thomas Mann, incorporando el lenguaje de las artes plásticas a la literatura, define la icónica belleza del José del Antiguo Testamento resaltando sus asimetrías. Por no hablar de la anómala descripción del imberbe Tadzio en *Muerte en Venecia*.

La belleza es convulsa. En una sala palaciega, como relata *El Corán*, una sala seguramente similar a la que Ingres imaginó para ubicar a su odalisca, las cortesanas que pelaban naranjas con afilados cuchillos quedaron prendadas de la belleza del joven José mientras éste atravesaba, apareciendo y desapareciendo, las estancias del palacio. Las cortesanas ni siquiera llegaron a advertir que se habían cortado involuntariamente los dedos.

Sobre las telas en las que escenificaban harenes, baños y exóticos jardines habitados por hermosas criaturas, los decimonónicos pintores orientalistas alteraban la anatomía de los desnudos para seducir al espectador con una gráfica sensualidad incontestable, conscientes de que, sobre una superficie bidimensional, el volumen representado que nos incite al tacto y al deseo no responde a leyes académicamente perfectas. Ingres, Delacroix y nuestro Fortuny jamás identificaron belleza y perfección. La belleza, para ellos, existía; pero ¿existe la forma ideal autónoma?

Abandoné la exposición temporal y me adentré en las salas de la colección permanente. Involuntariamente me encontré con el retrato de la persona más hermosa que, a mi entender, se exhibe en el museo. No he faltado, durante años, a la ineludible cita con esta pintura de mediano formato. En ocasiones no la encontraba en la misma sala donde nos habíamos visto por última vez. Recorría las demás salas italianas hasta que, sorprendido y feliz, acertaba con su reubicación. Durante unos meses de 2004 no la encontré. Supuse que sufría su oportuna restauración y, tal es mi confianza en el equipo de restauradores del museo, que me mostré convencido de que la intervención no afectaría a la armoniosa disimetría de sus facciones.

Y, no, paciente y curioso lector, no revelaré los nombres del artista y la persona retratada. Demasiadas pistas he dado ya.

Pertenezco a una generación, que como todas las que serán y han sido, cuenta con carencias y privilegios propios. Entre los privilegios ocupa un lugar destacado el hecho de que jamás como ahora han existido, en los museos más nombrados del mundo, equipos de restauradores tan capaces y responsables. Equipos que, además, se han comunicado entre ellos y han colaborado, como si se tratara de una curiosa hermandad, en el estudio y la restauración de obras albergadas en museos muy distintos y distantes. Puede tratarse de un privilegio de alcance minoritario, pero puedo asegurar que aquellos que hemos hecho uso y disfrute de él, nos hemos convertido en una comunidad que desarrolla interesantes temas de conversación, sin ahorrarnos opiniones ligeras ni categóricos juicios. Gracias al mayor conocimiento técnico de la pintura y a la clara intención de no impresionar al moderno espectador con una extravagante y luminosa actuación desconocida (que, en la mayoría de los casos, había resultado bastante perjudicial), disfrutamos en nuestros días de la visión que más se acerca a la de los contemporáneos de los antiguos maestros.

A muchas pinturas, durante siglos, se les añadieron más trozos de tela que también fueron pintados con otros materiales y otras técnicas que acabaron extendiéndose por las telas primigenias y originales. También sufrieron mucho las obras que fueron ejecutadas con técnicas exclusivas por parte del maestro creador y que, después, se confundieron, por ignorancia, con deficiencias propias del momento de descomposición de los materiales, de tal manera que fueron transformadas de la única manera que podía hacerse: la propia de un tiempo que no era el suyo. El color blanco, por ejemplo, es uno de los que más sufren con el paso del tiempo; pintores como Tiziano y Velázquez hacen un uso muy variado de él y la conservación de todos los valores cromáticos de sus obras se ha visto comprometida por la ignorancia que se tenía sobre la multiplicación de usos de este color en los grandes maestros. También los barnices que protegían las obras fueron retirados para sustituirlos por otros, aplicándose una gran variedad de barnices naturales o acrílicos que convenían o no a la restauración.

Muchas de estas operaciones tenían lugar antes de estudiar a fondo las peculiaridades de cada pintor. Tampoco se estudiaba (porque esto es muy reciente) la manera óptica de centrar la atención sobre la obra, manera que cada artista aplica diversamente y con diferentes instrumentos. Todos estos descuidos repercutían en la conservación y recuperación de las primeras intenciones de los antiguos maestros.

Pues bien, a partir de los años setenta del siglo pasado se profesionalizó la restauración, hasta tal punto que los talleres de los que ya disponían los museos se completaron con departamentos de documentación, laboratorios y gabinetes técnicos. Se mostró, por parte de los gustadores de arte, un creciente gusto por los textos redactados por restauradores en los catálogos que, con motivo de las grandes exposiciones, se editaban con un mayor empleo de medios y de información. Algunos críticos se vieron sustituidos por restauradores en la publicación de los nuevos estudios. Ya sólo por el lenguaje utilizado, todos advertimos un novedoso, positivo y esperanzador horizonte.

Por ejemplo, leamos unas páginas de Enrique Quintana Calamita. Según él, cada obra maestra posee su banda sonora y es tarea del restaurador hacérnosla oír mientras observamos la pintura intervenida. Existe una banda sonora que incluye el crepitar de las ascuas de un horno, el hierro quieto y la voz de Apolo en *La Fragua de Vulcano* de Velázquez. El silencio también forma parte de la banda sonora en el caso de *Cristo crucificado*, también de Velázquez. Todos estos fenómenos acústicos, que Enrique Quintana enumera y describe en magnífica prosa, precisan ser vistos por el espectador gracias a la buena labor de los restauradores.

Uno no quiere pecar de frivolidad. Antes he afirmado que los talleres de restauración han representado un privilegio que, aunque minoritario en su percepción e influencia, ha marcado a buena parte de mi generación. Pero he de añadir que, visto lo visto, han sido mayoritariamente más determinantes, para esa misma generación, las clínicas de cirugía estética.

Conservo un excelente cuadrito del pintor berciano Fernando Vázquez Mourelo que compré, una hermosa mañana de mayo de 2005, en la añorada Galería Artis de Salamanca. El título, *Espalda y círculo rojo*, es cuanto aparece en este pequeño óleo sobre cartón. Esta obrita ha adornado varias de las paredes de mi domicilio; posee tal poder de evocación de otras obras y de otros autores que, al ofrecerle ubicaciones distintas, nos invita a un apasionante paseo por el tiempo. La memoria acumulada en este cartón vale por una entera historia del arte. Remite, por ejemplo, a la espalda azotada y ensangrentada de una *Flagelación de Cristo* de Rubens que se conserva en el Museo de Bellas Artes de Gante. Esa fiesta para los sentidos que es un Rubens y esa carnalidad, si bien se apoya sobre una sólida tradición de pintura flamenca, es fruto de investigaciones técnicas que perseguían un esplendor terrenal en clave paradisiaca. Muchas son las páginas que Delacroix emplea en sus diarios señalando que la mayor parte de los colores de Rubens no son lo que parecen, sino efectos ópticos generados por contrastes de complementarios sobre fondos grises. Este aspecto técnico fascinó tanto al pintor romántico francés que se lo apropió para su quehacer. Existen algunas pequeñas telas que Delacroix tituló *Cristo atado a la columna* en las que opta por desarrollar los usos cromáticos de Rubens. Todo ello derivaría en el posterior hábito de la deliberada división de las tintas en colores puros, con la calculada intención de conseguir una mezcla óptica a partir de pinceladas pequeñas y proporcionadas al tamaño del soporte, como muy acertadamente explica otro pintor francés,

Paul Signac, en su *De Eugéne Delacroix al neoim-presionismo*. Todavía recuerdo la luminosa y clara impronta que recibí la primera vez que contemplé la pequeña y deliciosa *Modelo de espaldas* del divisionista George Seurat en el Museo d'Orsay.

Francia construye su patrimonio artístico pensando en una larga secuencia cronológica en la que toda obra debe mostrar su justificación histórica. Lo asombroso es que un artista español, culto y comprometido como Vázquez Mourelo, recoja ese legado y lo amplíe con técnicas del expresionismo abstracto norteamericano y otras vanguardias posteriores a la segunda mitad del siglo xx, ofreciéndonos una pieza que acumula una muy larga historia y, al mismo tiempo, despierta en nosotros una emoción estética paralela a la que provocan los flagelados cristos de las semanas santas españolas.

Así que hoy he decidido volver a cambiar de sitio el pequeño cuadro. Necesito rodearme de cierta sensualidad ingenua y celebrativa. Prefiero, dadas las actuales circunstancias, que en la pintura de Vázquez Mourelo me hable Seurat. Puede hacerlo.

Luis Sáenz de la Calzada. Un análisis pictórico, libro cuya redacción comencé en 2019, pudo presentarse en circunstancias todavía condicionadas por la pandemia que tanto nos afectó.

Calzada fue un hombre polifacético que brilló en varias disciplinas, y cuyo reconocimiento fue dispar según se tratara de su entregada labor como odontólogo, como actor, como pintor, como profesor o como escritor. Parte de su obra permaneció inédita y sólo después de su muerte, en 1994, se ha iniciado la publicación, la exposición y el estudio de su entero esfuerzo. En su persona se cifra una provincia de León influida por la Institución Libre de Enseñanza y que participó en un gran proyecto de reforma pedagógica. De esta manera se crearon poderosos vínculos con la capital de España. Calzada frecuentó la madrileña Residencia de Estudiantes; formó parte, dirigido por Federico García Lorca, del elenco de actores de La Barraca; se sumó con gran entusiasmo a las vanguardias que, durante los años veinte y treinta, se ensayaron en Madrid y en otras capitales europeas. Pero también fue testigo y practicante de los distintos retornos al orden que desafiaron la siempre ordenadita historia del arte. Después, y hasta el mismo momento de su muerte, desarrolló, en el ámbito de la pintura, un personal e inconfundible estilo en el que las novedades no serían ya formales (renunciando a las novísimas vanguardias), sino de contenido humanista y científico.

Él sabía que lo que siempre llega a decirse de verdadero, a través de los siglos, se dice desde un lenguaje y un momento históricos. Eligió los códigos de su fulgurante generación; no los cambió a lo largo de las décadas de vida activa que aún disfrutó. Aun así, o precisamente por eso, la pintura de Calzada siempre nos inquieta. Y nos sorprende más cuando comenzamos a olvidar los listados oficiales de la sucesión de movimientos artísticos. Sus innumerables *Durmientes*, al óleo, al temple, a la acuarela, al carboncillo, resumen científicamente, a la vez que literaria, pedagógica y pictóricamente, el actualísimo e inveterado tema del sueño: sus inversiones espaciotemporales, sus duraciones, sus dobleces, sus anuncios y sus claudicaciones, sus desmesuras, sus muradas fronteras y sus aduanas…

En su viaje de ultratumba Dante Alighieri es saludado, en la purgatorial terraza de los soberbios, por el alma de Oderisi da Gubbio, famoso ilustrador que sufre penitencia por haberse creído el mejor artista de su tiempo y haberse ufanado por ello. Purgar su soberbia pasa por advertir que la mundana fama no es más que un breve viento que cambia de dirección sin fijar eternamente valor alguno. Además de saludar a Dante, le confiesa, todavía dolido a pesar de conocer la vanidad del mundo, que la extraordinaria fama de la que gozó en vida se vio finalmente eclipsada por la creciente consideración que empezó a otorgarse al trabajo de otro ilustrador, Franco Bolognese. También le recuerda que el pintor Cimabue fue entronizado en la penúltima historia del arte hasta que Giotto, con sus tablas y frescos, le arrebató la corona.

Todos aquellos artistas que compitan en el prediseñado tablero de una historia del arte oficial sufrirán la suerte de Oderisi da Gubbio y de Cimabue. No está claro que pueda ocurrir lo mismo con Giotto. Giotto no quiere formar parte de las proyectadas innovaciones que analizan críticos, comerciantes, intelectuales y, cosa curiosa, ningún talentoso y verdadero artista. Giotto, según nos dice Ramón Gaya (y da igual que lo diga siglos después de la muerte de Giotto), extrema su atención para regenerar un alambicado arte pictórico y acercarnos el arte a la vida. En el caso de Giotto, el viento cambiante del que hablaba Oderisi se convierte en aire fresco que nos deja frescos y tan frescos en Padua y Asís.

Pero cómo no voy a confirmar y avalar que en la percepción de la pintura intervienen más de uno y de dos sentidos. Para empezar, querido lector, procura escuchar (como si te las recitasen) las líneas escritas que componen el siguiente relato.

Hace muchos años, la colección pictórica que conocíamos como Legado Cambó y que ahora, diseminada y dispersa, forma parte del Museu d'Art de Catalunya, ocupaba algunas salas en el barcelonés Palacio de la Virreina. Se accedía desde la Rambla de las Flores. Un vestíbulo abovedado conducía a unas escaleras gemelas adornadas con esos capiteles colgantes, desprovistos de fuste que los sostuviera, tan característicos de la arquitectura catalana. En una planta superior se nos mostraba, doméstica y cercana, la colección donada por Francesc Cambó. Confieso que esta familiaridad, que casi se confundía con la posesión, convirtió en íntimos nombres como Filippo Lippi, Tiépolo y Goya.

La afluencia de público, a pesar de los atractivos que invitaban a su visita, era mínima; así que decidí citarme allí con un compañero de la Facultad de Historia con quien iniciaba una de esas amistades amorosas tan frecuentes en la primera juventud. Opté por esperar a mi hermoso amigo Joan Pau en las salas, no en la entrada del palacio. Sabe Dios qué impresión quería yo crear. El caso es que, como llegué antes de la hora convenida, me dispuse a ver pintura. El parquet de las salas reproducía y proyectaba, sonora y escandalosamente, mis pasos y únicamente mis pasos. Entonces me incliné, en la penúltima de las salas, sobre una de las obras. Era una *Eva* de Correggio, excesiva y torpemente restaurada, aunque muy bien iluminada. Su desnudo acumulaba retales pictóricos de distintas épocas que perseguían, cada uno a su manera, reinventar o mantener la sensualidad de la figura.

Sucesivas capas transparentes y semitransparentes, barnices cambiantes, temples resinosos y óleos opacos e inconvenientes habían intentado recuperar el esplendor erótico que, con toda seguridad, mostró en su origen el lienzo. Pero la acción del tiempo y el desconocimiento de algunos restauradores habían deteriorado las tintas de las semitransparentes veladuras originales.

De repente, mis sentidos no repararon más que en unos nuevos crujidos del parquet, desatados y rítmicos, que parecían provenir de las primeras salas. Bien conocía yo esa música. Y, sin levantar la mirada del lienzo de Correggio, me dije: «Es él».

III

LA PINTURA Y SUS GRIETAS

Tu sei passato ma non come sfugge
alla memoria un'aula di museo.

Sandro Penna, *Poesie*

¡Ay, los artistas menores! ¡Los pintores menores y sus grandes encargos! Durante la primera mitad del siglo xix, el retratista Karl Stieler se demoró en la larga ejecución de uno de esos encargos que, como casi todos los que la recién inaugurada monarquía bávara promovía, no ambicionaba más que reproducir algo anteriormente realizado. La más o menos afortunada copia en la que se convirtió la ciudad de Munich gozó, en efecto, de una actualización de los pretéritos modelos que el genio creador europeo había alumbrado. Se sucedieron los pastiches: los Propileos griegos, la florentina Loggia dei Lanzi, fachadas a lo Brunelleschi, etc.

También los interiores palaciegos quisieron emitir el eco de otros antiguos salones. Y así, por ejemplo, en la Galería de las Bellezas, comisionada por el rey Luis I, y que ocupó uno de los salones del palacio Nymphenburg, no se reprodujo la serie de retratos del Cabinett des Dames de Luis XIV en Versalles, pero sí la idea de que las mujeres más hermosas de Baviera debían compartir idéntico privilegio, desde la obsesión del rey (Lola Montes) hasta María de Prusia, madre del futuro y desdichado Luis II. Todas ellas, sobre el lienzo, participan de su época y, pese a la sospecha de que quizás fueran muy diferentes entre ellas, se ven envueltas en un mismo halo propio de su tiempo. O, a lo mejor, es que Stieler supo cómo uniformarlas. Eso es algo que saben hacer los pintores menores. El academicismo ha allanado cualquier rasgo personal de las retratadas. Las miradas, las comisuras de los labios, las torsiones de los cuellos, las iluminaciones de sus frentes y narices igualadas y las relaciones establecidas con el hipotético espectador, han sido perfectamente estudiadas y aplicadas al margen de la creación de tipos individuales.

La belleza, para los artistas normativos, es incompatible con la abismática individualidad.

Poco nos consuela (y menos nos convence) el hecho de que sus contemporáneos apostaran en una competición y consideraran que la más bella de aquellas mujeres, Helene Sedelmayer, fuera la hija de un zapatero.

Difícilmente podrían las flores saberse símbolos de virtudes marianas. La castidad y la concepción inmaculada de María no parecen nociones asimilables por la capacidad comprensiva de lirios y azucenas. Y, sin embargo, es la religión la que comienza a convertir a las flores en codiciados objetos para la pintura. No es extraño que el poder curativo del que gozaron las flores influyera en su alta consideración. La aquilea, por ejemplo, se utilizó como fármaco durante las contracciones del parto, uso que abundaba teológicamente en la apropiación simbólica mariana. Si a todo esto añadimos la fiebre especulativa desatada en el mercado bursátil holandés en la primera mitad del siglo XVII, en relación a los tulipanes, no nos asombrará que grandes artistas (Jan Brueghel el Viejo, Rubens, Cuyp, Seghers, Bosschaert…) ensayaran y acreditaran su maestría en la representación de estas delicadas criaturas del reino vegetal.

Además, ramos de flores acompañaron, como modelos y como ornato, a las orladas escenas religiosas. ¿Se supieron las flores, entonces, retratadas? ¿Se percibieron representadas como Felipe IV se conoció en las telas de Velázquez? Estudios recientes persiguen la demostración de que las flores poseen sentidos; reaccionan a la luz, a estímulos automáticos y mecánicos, a gases y aerosoles, a ruidos. Los científicos han descubierto que las abejas son conocedoras de las flores que acaban de ser visitadas por otras abejas gracias a que el campo magnético floral cambia con cada visita. Esto ahorra tiempo a las abejas y energía a las flores.

¿Seremos conscientes los pintores de que libando en aceites, en yemas y claras de huevo, en agua y en resinas, podemos restituir a los tulipanes (al rayado y codiciado *Semper Augustus*, por ejemplo) el esplendor que nos convenció de su participación en arcanos misterios? ¿Advertirán las flores, con sus agudos sentidos, que aquellos antiguos pintores y, después, Runge, Fantin Latour, Renoir, Nolde, Tamara de Lempicka y Antonio

López, oficiaron liturgias rememorando los dentados y efímeros pétalos de un clavel? Sólo la Santísima Virgen lo sabe.

Todos preferimos ver un cuadro pintado antes que un cuadro pintándose. ¿Es que a todos nos sobra el pintor? No, en absoluto. Lo que parece sobrarnos son las obras en las que no se registra, en un presente eterno, la labor del artífice. Frente al *Desnudo* de Eduardo Rosales, en el Museo del Prado, no dejamos de percibir la mano, el talento, las habilidades y las intenciones del pintor. Sólo recientemente ha dejado de considerarse esta obra como un ágil boceto ejecutado en una sola jornada en la Roma de 1869. Cierto es que la modelo Nicoline posó para Rosales, con una toalla blanca y frente a una cortina verde y un baúl, en una sola jornada. Sin embargo, y a pesar de que el cuadro muestra zonas del lienzo sin cubrir y las pinceladas se han aplicado de manera larga y suelta, nada nos autoriza para calificarlo como boceto y, mucho menos, para acrecentar el largo elenco de los logros del movimiento impresionista. No, en esta extraordinaria pieza todo está terminado; la figura enteramente resuelta y las relaciones cromáticas entre ésta y la cortina y el fondo no precisan de más pinceladas. De hecho, lo que más nos asombra es que seamos capaces de advertir, en todo momento y en esas someras pinceladas, la mano de un pintor que no acaba de encajar en la secuencia cronológica de los movimientos pictóricos de la época.

Y ahora vamos a rizar el rizo. Ramón Gaya valoró mucho la figura de Rosales. Escribió, en varias de sus obras, sobre el malogrado pintor madrileño. Aseguraba que Rosales era lo único que, en España, podía mirarse después de Goya, autor al que, por otra parte, Gaya copió para exhibir en las republicanas Misiones Pedagógicas. Llegó a afirmar que la pintura moderna terminaba con el desnudo romano del que nos ocupamos ahora. Pero es que, además, Gaya pintó (citó) el desnudo en varias de sus obras pictóricas, en algunos de los muchos homenajes que dedicó a los pintores de su afecto. Las largas y sueltas pinceladas que nos revelan a Rosales también incluyen, fusionadas, las del propio Gaya. En fin, la mano de dos pintores en una sola obra. ¿Qué relación con el tiempo y con la historia del arte inaugura Gaya? Algo desengañado volvió el pintor murciano del vanguardista París de 1928. Sintió la necesidad de abandonar el neocubismo clasicista que imperaba entonces para acometer el proyecto de lo que, muchas décadas después, Miriam Moreno Aguirre definió, muy acertadamente, como «otra modernidad».

A nadie debiera extrañar que, para quienes proyectamos repetidos viajes a Grecia, Basilea se convierta en etapa obligada del periplo heleno. Es preciso visitar el Kunstmuseum de Basilea con la intención de contemplar las telas del pintor Arnold Böcklin. Telas y temples resinosos en los que podemos encontrar una Grecia más dionisiaca y mistérica que la retratada por los pintores deudores de Goethe y Winckelmann. Es preferible seguir las huellas de Friedrich Nietzsche, catedrático de la Universidad de Basilea, autor de *El Nacimiento de la Tragedia* y contemporáneo de nuestro pintor. Nietzsche fue amigo de Richard Wagner hasta que dejó de serlo. Böcklin nunca fue amigo del compositor alemán, aun coincidiendo con él en varias ocasiones. Wagner le propuso realizar los decorados de algunas de sus óperas. El pintor jamás aceptó el encargo. Lo que los dos creadores esperaban e imaginaban del legado griego era diametralmente opuesto. Esas desavenencias se dan incluso entre contemporáneos que andan detrás de las mismas cosas.

En la Grecia pintada por Böcklin los seres híbridos y fantásticos conviven con paisajes misteriosos, edificios fantasmales, cielos del dulce color de un zafiro oriental y personajes representados en todas sus edades. Cada uno de estos elementos destila un erotismo que los funde a la tela. Nuestra mirada no para de circular con gran embeleso sobre esa irisada superficie. Ello es posible porque, materialmente, se ha elegido una antigua técnica ya descrita por el monje Teófilo en su *Diversarum Artium Schedula,* obra anterior en cien años al más conocido tratado técnico de Cenino Cennini. Se ha elegido, para pintar, una emulsión, no una mezcla, una emulsión en la que, al igual que en nuestra propia carne, el agua desempeña un papel protagonista. In acqua veritas.

Debemos a los pintores italianos Giorgio de Chirico y Alberto Savinio (nacidos, no por azar, en Grecia) la primera valoración cabal del trabajo de Böcklin. Gracias a ellos sabemos que el suizo aprendió de los antiguos la necesidad de vibración y vida interna de la materia pictórica, convirtiéndose ésta en la razón por la que eligiera una gran variedad de temples como la técnica más adecuada a sus propósitos.

Conservamos una carta del pintor Lenbach dirigida a Böcklin en la que se incluye una receta de temple con resina de cerezo. Un farmacéutico florentino le procuró temples viscosos que únicamente nuestro pintor sabía licuar. Plantó cerezos en el jardín de su villa. Hiriendo la corteza de sus árboles, recogía en ampollas colgantes el preciado jugo y lo añadía a la emulsión con la que después pintaba.

Comenzaba siempre por dar una tonalidad (algún tipo de gris) a la tela preparada. Sobre esa tela disponía manchas aplicadas con una esponja empapada y pergeñaba la composición predeterminada mentalmente. Entonces acometía los trazos y la aplicación del color con temples al huevo y a la goma de cerezo. Finalmente, sobre sólidos empastes, pintaba con veladuras delgadas y finísimas.

Todo lo representado participaba, así, de una común sensualidad. Rocas, mares, bosques, carne humana, cabellos, tejidos y cielos logran su fulgurante apariencia, frente a nuestros ojos, en un mismo y simpático hechizo. La pintura, de esta manera, nos prepara para agudizar nuestros sentidos. Podemos viajar a Grecia más entrenados; pero no entrenados en las abstracciones e idealismos que siempre se le han achacado a los genios de la península helénica, sino percibiéndola con los sentidos del dios Pan.

La pintura mural, en muchas de sus mejores muestras, nos parece inalcanzable. No visualmente, desde luego; porque a pesar de lo elevado de los muros y de las bóvedas, no dejamos de vislumbrar *La Llegada de San Ignacio al Paraíso,* de Andrea del Pozzo, en la iglesia dedicada al santo de Loyola en Roma. O *La Adoración del Nombre de Jesús* en la también romana iglesia del Gesú. Lo que se nos hace inalcanzable es percibir la textura y las mínimas pinceladas (si las hubiere) que sí nos ocupan cuando contemplamos obras de caballete.

La técnica del fresco es antiquísima. Será la cal del revoque con el que está preparada la pared la que ligue los colores disueltos en agua a la superficie del muro. Sí, será la cal la que, al secarse con los colores añadidos, sufra un proceso de carbonización en contacto con el anhídrido carbónico del aire. Esta cristalización producirá una película dura y compacta de carbonato de cal que abrazará el color. El método comprende la humidificación del revoque del muro, de tal manera que el artista, planeando el área que ha de cubrir, dividirá su trabajo en jornadas. De ahí que la planificación de los frescos obligue a realizar previamente acabados bocetos.

Pintada al fresco en el siglo XVI por el artista italiano Luca Cambiaso, la bóveda del coro de la basílica de San Lorenzo de El Escorial ha inquietado a pintores, historiadores, críticos y visitantes curiosos. Se representa a la Santísima Trinidad acompañada de jerarquizados grupos de santos y coros angélicos. Padre, Hijo y Espíritu Santo se congregan alrededor de un inesperado objeto intencionadamente voluminoso y regular: un hexaedro. Sí, un cubo, uno de los cinco cuerpos regulares platónicos, símbolo, a su vez, de uno de los cuatro clásicos elementos, el que menos esperaríamos ver flotando en el Paraíso, el elemento tierra. Permanece sentada a su lado, adelantada a bienaventurados y ángeles, la Virgen María. Sospechamos que algo tan inusual como la inclusión de un cubo en el Paraíso se debe, más que a la voluntad del pintor, a la exigencia de Felipe II o a la ocurrencia de alguno de los cultísimos humanistas que participaron en la construcción del real monasterio. El caso es que el arquitecto de lo que acabó llamándose La Octava Maravilla, Juan de Herrera, es también el autor de un curioso tratado, *Discurso de la Forma Cúbica,* tratado que nos recuerda a esos escritos incluidos en las artes lulianas que tanta influencia ejercieron en el imaginario medieval y renacentista. ¿Qué se nos quiere dar a entender con el símbolo del elemento tierra morando, con rango de honor y por encima del fuego, del aire y del agua, en la gloria eterna?

No encontramos respuesta. Pero podemos establecer un marco poético que pueda aclararnos el enigma. Quizás merezca la pena que nos contemos un episodio poco conocido que involucra a dos grandes autores. A principios de los años setenta del pasado siglo, María Zambrano y José Lezama Lima retoman con intensidad una correspondencia escrita que, en realidad, no había cesado desde que, en 1939, la escritora española iniciara su exilio en Cuba. La isla se convirtió en una de las más queridas etapas de un exilio que, después, se reveló como un laberíntico peregrinar por varios países.

A principios de esos años setenta lo que Lezama Lima sufría en su Cuba natal era esa otra manera de destierro que niega el peregrinaje: el exilio interior. En mayo de 1976 el poeta advierte a María Zambrano de que, pese a estar sobremanera interesado, no ha recibido todavía por correo algo que se le había prometido: un volumen que incluía el afamado *Discurso de la Forma Cúbica* de Juan de Herrera. El dos de julio del mismo año, desde su residencia en La Pièce, la malagueña escribe y envía una carta a Lezama Lima comunicándole que, en muy pocos días, le remitirá el tratado de Juan de Herrera, aun confesándole que dicho tratado era de dificilísima lectura. El caso es que una figura geométrica se instala en el corazón de dos personas afines que, en esos momentos, sólo se diferenciaban por el tipo de exilio que sufrían. Ambos esperaban la forma cúbica.

Sabemos que María Zambrano no leyó nunca el tratado herreriano. Tampoco el poeta cubano llega a leerlo; su salud empeora los primeros días de agosto de 1976. El día ocho ingresa en un hospital y muere de un fallo cardiaco en la madrugada del día nueve. Los envíos dirigidos a él todavía no han llegado a la isla. No los recibirá su destinatario. Los recibirá esa Cuba que ambos amigos, en sus artículos y en sus ensayos, llamaban Cuba secreta. Una Cuba anterior y posterior a la historia y dispuesta a dejarse fecundar por el cubo aquel.

Coincidí en varias ocasiones con D. Juan Navarro Cruz, crítico de arte y director de la salmantina Galería Artis. Su conocimiento de la pintura sólo competía con su extraordinaria intuición a la hora de valorar lo que ahora designamos con palabras que yo nunca le oí pronunciar: piezas artísticas. Sabía despertar interés por las obras que exponía sin apenas hablar, y eso que su dominio de la palabra era grande, según evidencian los textos críticos que nos dejó. Recuerdo que, saliendo de la galería, celebrábamos alguna venta brindando con vino en el cercano bar Valencia. Allí me dio el mejor consejo que pueda recibir un artista:

—Usted debe aprender la manera de aparecer y desaparecer, aparecer y desaparecer…

Una de las más sugestivas imágenes que nos legó la antigüedad es la que se refiere a la personificación plástica de los ríos. Sí, hablo de aquellos proteicos ríos que, en el decurso del tiempo, vertebraron imperios. ¿Quién tuvo la feliz idea de pautar el espacio y el tiempo de un gran río en la masculina figura de un cuerpo tendido y desnudo? ¿Qué inspiró a generaciones de artífices para que esculpieran, pintaran o grabaran las figuras de aquellos ancianos barbudos, atléticos y reclinados, rodeados de los frutos que procuraron a sus pueblos y de las figuras y emblemas (representadas a escala inferior) de los mitos fundadores de los altos nombres de Roma, Alejandría, París, Londres, Toledo…?

Unos niños que todavía no saben que se llaman Rómulo y Remo juegan entre los fornidos brazos y las robustas piernas de un recostado río Tíber que no muestra la fatiga propia de su avanzada edad. Su complexión atlética no debe inducirnos a error; todas las edades del varón encuentran reflejo en la representación de este cuerpo inagotable y magnífico.

En algunos gouaches sobre papel realizados los últimos años de su vida, Ramón Gaya ha pintado el desnudo de un varón de edad madura parcialmente sumergido, más que en un río, en una acequia (es lo que haría un murciano) y ha titulado aquellas obras *El Río*. En estos casos, es la propia pintura la que discurre mezclada con agua.

Pero yo ahora quiero traer a la memoria lo que, hace muchos años, cubrieron las efímeras aguas de un discreto río de la provincia de Salamanca. Cerca de Candelario, mi amigo Juan Nieto y yo, en un caluroso día de verano, nos desnudamos y, más cautamente de lo que se espera de dos jóvenes, nos sumergimos en las frías aguas de las pozas que parecen frenar el inevitable tránsito del río. Nosotros sí conocíamos nuestros nombres, pero desconocíamos qué empleo daríamos a nuestras vidas. Juan Nieto estudiaba filosofía y amaba la música. Yo amaba lo que ocurría en aquel incontestable presente.

Acabado el baño y ya secos, mientras nos vestíamos, mi amigo y amigo de las artes del tiempo, señaló, sorprendido, un lugar y en el lugar un objeto, una cosa entre las cosas, un recuadro metálico en cuyo dominio espacial la Confederación Hidrográfica del Duero había resaltado, en color y en relieve, una moldura y cuatro palabras: *Río Cuerpo de Hombre*. Pocas semanas después yo comenzaba a pintar el primer cuadro del que guardo memoria.

El *Desnudo* del pintor Rosales
¿emerge o se sumerge?

Y luego como una mosca
Atrapada en la miel.

Sandro Penna

Colección

DE LA BELLEZA